NOTICE

SUR LES

TRAVAUX SCIENTIFIQUES

DE

M. Henri MOISSAN.

PARIS,

GAUTHIER-VILLARS, IMPRIMEUR-LIBRAIRE

DU BUREAU DES LONGITUDES, DE L'ÉCOLE POLYTECHNIQUE,

SUCCESSEUR DE MALLET-BACHELIER,

Quai des Augustins, 55.

—

1885

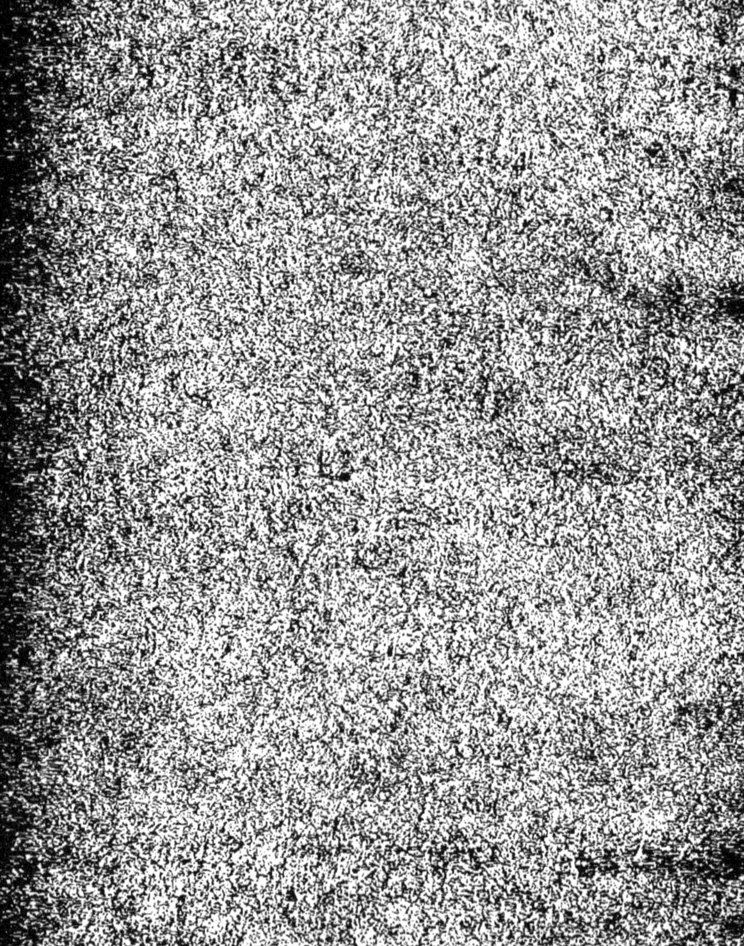

NOTICE

SUR LES

TRAVAUX SCIENTIFIQUES

DE

M. Henri MOISSAN.

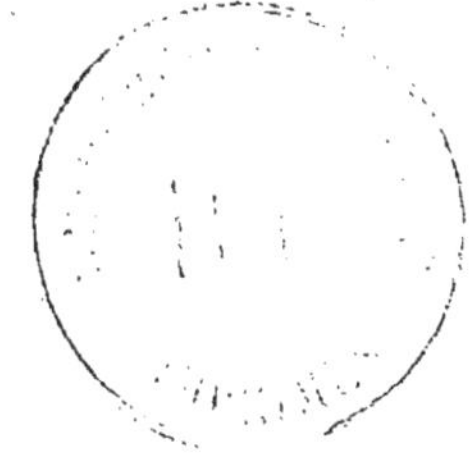

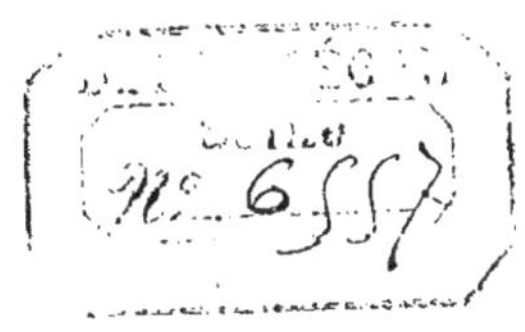

PARIS,

GAUTHIER-VILLARS, IMPRIMEUR-LIBRAIRE

DU BUREAU DES LONGITUDES, DE L'ÉCOLE POLYTECHNIQUE.

SUCCESSEUR DE MALLET-BACHELIER,

Quai des Augustins, 55.

1885

GRADES UNIVERSITAIRES.

1874. Bachelier ès sciences.

1877. Licencié ès sciences physiques.

1879. Pharmacien de première classe.

1880. Docteur ès sciences physiques.

TITRES ET FONCTIONS.

1873-1879. Attaché au laboratoire de culture du Muséum
d'Histoire naturelle.

1879-1880. Répétiteur de Physique à l'Institut agrono-
mique.

1879-1883. Maître de conférences et chef des travaux pra-
tiques de première année à l'École supérieure de
Pharmacie de Paris.

1883. Professeur agrégé à l'École supérieure de Pharmacie
de Paris.

LISTE CHRONOLOGIQUE DES MÉMOIRES

PUBLIÉS PAR M. H. MOISSAN.

1874.

Sur l'absorption d'oxygène et l'émission d'acide carbonique par les plantes maintenues à l'obscurité (en collaboration avec M. P.-P. Dehérain). (*Annales des Sciences naturelles*, t. XIX, 5ᵉ série, et *Comptes rendus de l'Académie des Sciences*, t. LXXVIII, p. 1112.)

1877.

Étude sur les oxydes de fer. Mémoire présenté à l'Académie des Sciences. (*Comptes rendus de l'Académie des Sciences*, t. LXXXIV, p. 1296.)

1878.

Sur deux variétés allotropiques d'oxyde de fer magnétique. (*Comptes rendus de l'Académie des Sciences*, t. LXXXVI, p. 600.)

1879.

Sur les amalgames de chrome, de manganèse, de fer, de cobalt, de nickel, et sur un nouveau procédé de préparation du chrome métallique. (*Comptes rendus de l'Académie des Sciences*, t. LXXXVIII, p. 180.)

Sur les volumes d'oxygène absorbé et d'acide carbonique émis dans la respiration végétale. (*Annales des Sciences naturelles*, 6ᵉ série, t. VII, p. 292, et *Annales agronomiques*, t. V, p. 56.)

Sur le fer réduit par l'hydrogène. (*Comptes rendus de l'Académie des Sciences*, t. LXXXIX, p. 176.)

Emploi industriel des écumes de défécation et de carbonatation. (*Société d'encouragement pour l'industrie nationale*, séance du 25 juillet.)

1880.

Sur les sulfures et séléniures de chrome. (*Comptes rendus de l'Académie des Sciences*, t. XC, p. 817.)

Action du chlore sur le sesquioxyde de chrome. (*Comptes rendus de l'Académie des Sciences*, t. XC, p. 1357.)

Sur la préparation des acides sélénhydrique et bromhydrique (en collaboration avec M. Étard). (*Bulletin de la Société chimique de Paris.*)

Nouvelles propriétés du sesquioxyde de chrome. (*Bulletin de la Société chimique de Paris.*)

Sur les oxydes métalliques de la famille du fer. (*Annales de Chimie et de Physique*, 5ᵉ série, t. XXI, p. 199.)

1881.

Sur la préparation et les propriétés du protochlorure de chrome et du sulfate de protoxyde de chrome. (*Comptes rendus de l'Académie des Sciences*, t. XCII, p. 792.)

Sur le protobromure et le protoiodure de chrome et sur

(7)

l'oxalate de protoxyde de chrome. (*Comptes rendus de l'Académie des Sciences*, t. XCII, p. 1051.)

Sur le chromocyanure de potassium. (*Comptes rendus de l'Académie des Sciences*, t. XCIII, p. 1079.)

1882.

Préparation et propriétés des sels de protoxyde de chrome. (*Annales de Chimie et de Physique*, 5ᵉ série, t. XXV, p. 401.)

1883.

Sur la coloration bleue obtenue par l'action de l'acide chromique sur l'eau oxygénée. (*Comptes rendus de l'Académie des Sciences*, t. XCVII, p. 96.)

1884.

Sur la préparation de l'acide chromique hydraté et sur quelques propriétés nouvelles de l'acide chromique anhydre. (*Comptes rendus de l'Académie des Sciences*, t. XCVIII, p. 1581.)

Sur un nouveau corps gazeux, le trifluorure de phosphore. (*Comptes rendus de l'Académie des Sciences*, t. XCIX, p. 655.)

Sur le trifluorure d'arsenic. (*Comptes rendus de l'Académie des Sciences*, t. XCIX, p. 874.)

Action de l'étincelle d'induction sur le trifluorure de phosphore. (*Comptes rendus de l'Académie des Sciences*, t. XCIX, p. 970.)

1885.

Sur le chromocyanure de potassium et sur l'acide chromocyanhydrique. (*Annales de Chimie et de Physique,* 6ᵉ série, t. IV, p. 136.)

Nouvelles préparations du trifluorure de phosphore et analyse de ce gaz. (*Comptes rendus de l'Académie des Sciences,* t. C, p. 272.)

Sur le produit d'addition $PhFl^3Br^2$ obtenu par l'action du brome sur le trifluorure de phosphore. (*Comptes rendus de l'Académie des Sciences,* t. C, p. 272.)

Sur la préparation de l'acide chromique hydraté et sur quelques propriétés nouvelles de l'acide chromique anhydre. (*Annales de Chimie et de Physique,* 6ᵉ série, t. V, p. 568.)

Sur la préparation, les propriétés et l'analyse du trifluorure de phosphore. (*Annales de Chimie et de Physique,* 6ᵉ série, t. VI, p. 433.)

Action du chlore, du brome et de l'iode sur le trifluorure de phosphore. (*Annales de Chimie et de Physique,* 6ᵉ série, t. VI, p. 468.)

AUTRES PUBLICATIONS.

Série du cyanogène. Thèse présentée au concours d'agrégation de l'École de Pharmacie. 1 vol. de 323 pages, chez Steinheil.

Articles CHROME et MANGANÈSE de l'*Encyclopédie chimique* de M. Fremy.

Novembre 1885.

11441   Paris. — Imprimerie de GAUTHIER-VILLARS, quai des Augustins, 55.

www.ingramcontent.com/pod-product-compliance
Ingram Content Group UK Ltd.
Pitfield, Milton Keynes, MK11 3LW, UK
UKHW021056120726
13693UKWH00006B/2670